AF205639

Impressum
Verlag: BABADADA GmbH, Nedderfeld 112 , 22529 Hamburg
Geschäftsführer / Verlagsleitung: Harald Hof
Druck: Books on Demand GmbH, In de Tarpen 42, 22848 Norderstedt

Imprint
Publisher: BABADADA GmbH, Nedderfeld 112 , 22529 Hamburg, Germany
Managing Director / Publishing direction: Harald Hof
Print: Books on Demand GmbH, In de Tarpen 42, 22848 Norderstedt

école

اسکول

salle de classe
کمرہ جماعت
diviser
تقسیم کریں
186/2
tableau noir
بورڈ
cour (de récréation)
سکول کا صحن
professeur
اُستاد
papier
کاغذ
écrire
لکھنا
stylo
قلم
bureau
میز
règle
پیمانہ
livre
کتاب
élève
شاگرد

cartable

بستہ

trousse

پینسل کیس

crayon

پینسل

taille-crayon

پینسل شارپنر

gomme

ربڑ

carnet à dessin

ڈرائنگ پیڈ

2

dessin

ڈرائنگ

pinceau

پینٹ برش

boîte de peinture

پینٹ باکس

ciseaux

قینچی

colle

گوند

cahier d'exercices

مشق کی کاپی

devoirs

ہوم ورک

12

chiffre

ہندسہ

2+2

additionner

جمع کریں

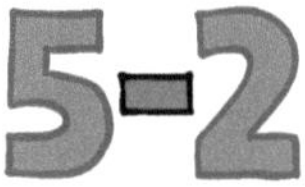

5-2

soustraire

منفی کریں

2×2

multiplier

ضرب دیں

calculer

شمارکریں

A

lettre

خط

ABCDEFG
HIJKLMN
OPQRSTU
VWXYZ

alphabet

حروف تہجی

hello

mot

لفظ

texte

متن

lire

پڑھنا

craie

چاک

leçon

سبق

livre de classe

اندراج

examen

امتحان

certificat

سند

uniforme scolaire

سکول یونیفارم

formation

تعلیم

lexique

انسائیکلوپیڈیا

université

یونیورسٹی

microscope

خورد بین

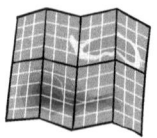

carte

نقشہ

corbeille à papier

ویسٹ پیپر باسکٹ

hôtel
auberge
bureau de change
رقم تبدیل کرانے کیلئے دفتر
CHANGE
valise
سوٹ کیس
voiture
کار

langue

زبان

oui / non

ہاں / نہیں

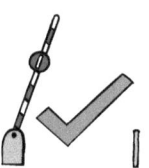

d'accord

ٹھیک ہے

Salut

ہیلو

interprète

مُترجم

merci

شُکریہ

Combien coûte...?

؟--- کی کیا قیمت ہے

Je ne comprends pas

میں نہیں سمجھتا

problème

مشکل

Bonsoir !

!شام بخیر

Bonjour !

!صبح بخیر

Bonne nuit !

!شب بخیر

Au revoir

الوداع

direction

سمت

bagages

سفری سامان

sac

بیگ

sac-à-dos

بیگ پیک

hôte

مہمان

pièce

کمرہ

sac de couchage

سلیپنگ بیگ

tente

ٹینٹ

office de tourisme

سياحوں کے لئے معلومات

plage

ساحل

carte de crédit

کریڈٹ کارڈ

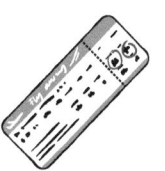

petit-déjeuner

ناشتہ

déjeuner

لنچ

dîner

ڈنر

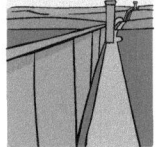

billet

ٹکٹ

ascenseur

لفٹ

timbre

مُہر

frontière

سرحد

douane

کسٹمز

ambassade

سفارت خانہ

visa

ویزا

passeport

پاسپورٹ

transport
نقل وحمل

avion
ہوائی جہاز
navire
سمندری جہاز
véhicule de pompiers
آگ بُجھانے والی گاڑی
bus
بس
camion
ٹرک
bateau à moteur
موٹربوٹ
voiture
کار
bicyclette
سائیکل

ferry

فیری

barque

کشتی

moto

موٹرسائیکل

voiture de police

پولیس کار

voiture de course

ریسنگ کار

voiture de location

کرایہ پرکار

auto-partage

کار کا اشتراک کرنا

voiture de remorquage

کھینچنے والا ٹرک

benne à ordures

کوڑے والا ٹرک

moteur

کار

essence

ایندھن

station d'essence

پٹرول اسٹیشن

panneau indicateur

ٹریفک کے نشانات

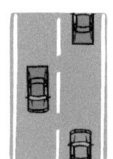

trafic

ٹریفک

embouteillage

ٹریفک جام

parking

کار پارک

gare

ٹرین اسٹیشن

rails

پٹڑیاں

train

ٹرین

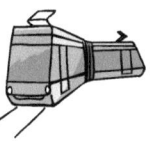

tramway

ٹرام

wagon

ویگن

hélicoptère

ہیلی کاپٹر

aéroport

ائرپورٹ

tour

ٹاور

passager

مسافر

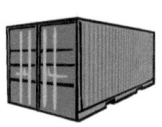

conteneur

کنٹینر

carton

ڈبہ

chariot

ریڑھا

corbeille

ٹوکری

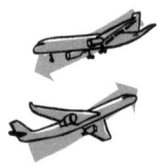

décoller / atterrir

اڑان بھرنا / زمین پراترنا

ville

شہر

village

گاؤں

centre-ville

سٹی سنٹر

maison

مکان

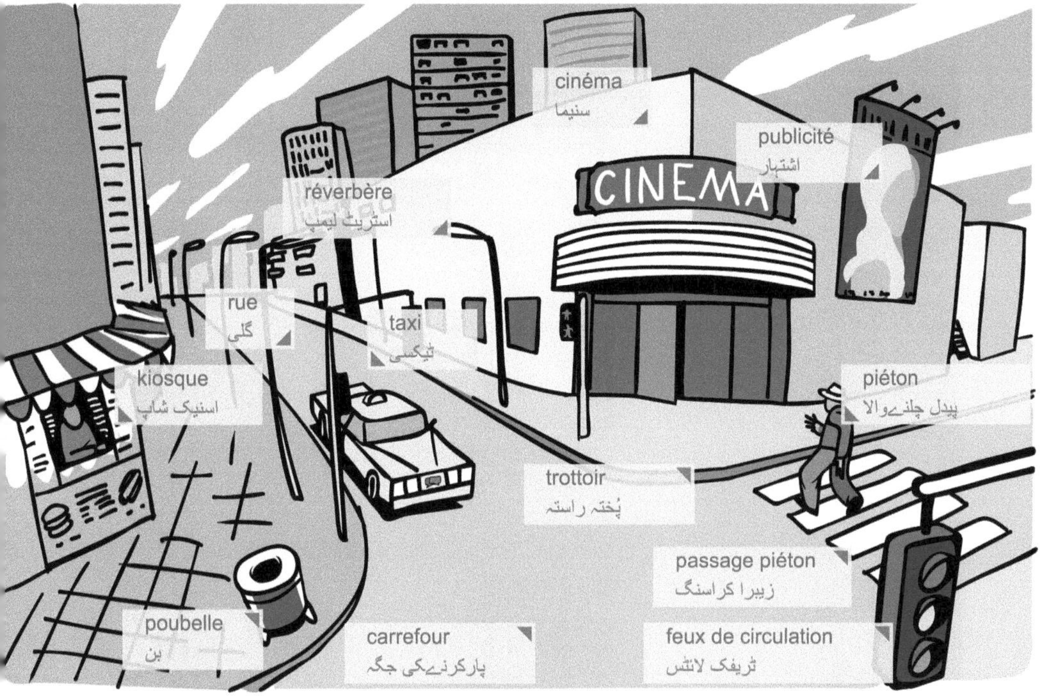

CINEMA
cinéma
سنیما
publicité
اشتہار
réverbère
اسٹریٹ لیمپ
rue
گلی
taxi
ٹیکسی
kiosque
اسنیک شاپ
piéton
پیدل چلنےوالا
trottoir
پُختہ راستہ
passage piéton
زیبرا کراسنگ
poubelle
بن
carrefour
پارکرنےکی جگہ
feux de circulation
ٹریفک لائٹس

cabane

ہٹ

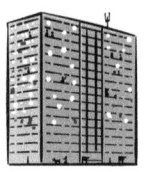

appartement

فلیٹ

gare

ٹرین اسٹیشن

mairie

ٹاؤن ہال

musée

عجائب گھر

école

اسکول

université

یونیورسٹی

banque

بینک

hôpital

ہسپتال

hôtel

ہوٹل

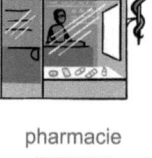

pharmacie

فارمیسی

bureau

دفتر

librairie

کتابوں کی دکان

magasin

دکان

fleuriste

پھولوں کی دُکان

supermarché

سُپرمارکیٹ

marché

مارکیٹ

grand magasin

ڈیپارٹمنٹ سٹور

poissonnerie

مچھلی کی دُکان

centre commercial

شاپنگ سنٹر

port

بندرگاہ

parc

پارک

banque

بنچ

pont

پُل

escaliers

سیڑھیاں

métro

انڈرگراؤنڈ

tunnel

سرُنگ

arrêt de bus

بس اسٹاپ

bar

شراب خانہ

restaurant

ریسٹورنٹ

boîte à lettres

پوسٹ باکس

panneau indicateur

اسٹریٹ سائن

parcmètre

پارکنگ میٹر

zoo

چڑیا گھر

piscine

سوئمنگ پول

mosquée

مسجد

ferme

كھيت

pollution

آلودگی

cimetière

قبرستان

église

چرچ

aire de jeux

كھيل كا ميدان

temple

مندر

paysage

منظر

feuille
پتہ

panneau indicateur
رہنمائی کے لئے لگا ہوا بورڈ

chemin
راستہ

pré
سبزہ زار

pierre
پتھر

arbre
درخت

randonneur
پيدل چلنے والا، ہائكر

rivière
دريا

herbe
گھاس

fleur
پھول

vallée

وادی

montagne

پہاڑی

lac

جھیل

forêt

جنگل

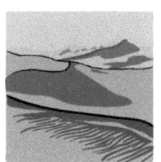

désert

صحرا

volcan

آتش فشاں

château

قلعہ

arc-en-ciel

قوس قزح

champignon

کھمبی

palmier

کجھورکا درخت

moustique

مچھر

mouche

مکھی

fourmis

چیونٹی

abeille

مکھی

araignée

مکڑا

coléoptère

بھونرا

grenouille

مینڈک

écureuil

گلہری

hérisson

خارپُشت

lièvre

خرگوش

chouette

اُلو

oiseau

پرندہ

cygne

راج ہنس

sanglier

سؤر

cerf

ہرن

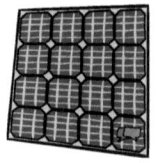

élan

امریکی بارہ سنگھا

barrage

ڈیم

éolienne

ہوا سے چلنے والی ٹربائین

panneau solaire

سولر پینل

climat

آب وہوا

restaurant
ریسٹورنٹ

serveur
ویٹر
menu
مینیو
chaise
soupe
سوپ
pizza
پیزا
couverts
کٹلری
nappe
ٹیبل کلاتھ

hors d'œuvre
....
اسٹارٹر

plat principal
....
مین کورس

dessert
....
ڈیزرٹ

boissons
....
مشروبات

alimentation
....
کھانےکی اشیاء

bouteille
....
بوتل

fast-food

فاسٹ فوڈ

plats à emporter

اسٹریٹ فوڈ

théière

چائےدانی

sucrier

شوگرباکس

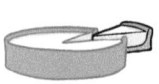

portion

حصہ

machine à expresso

ایسپریسو مشین

chaise haute

اونچی کُرسی

facture

بل

plateau

ٹرے

couteau

چھُری

fourchette

کانٹا

cuillère

چمچ

cuillère à thé

چائےکا چمچ

serviette

سرویئیٹی

verre

شیشہ

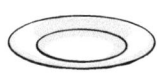

assiette

پلیٹ

assiette à soupe

سوپ پلیٹ

soucoupe

طشتری

sauce

چٹنی

salière

سالٹ شیکر

moulin à poivre

پیپرمل

vinaigre

سرکہ

huile

خوردنی تیل

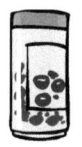

épices

مصالحے

ketchup

کیچپ

moutarde

سرسوں

mayonnaise

میئونیز

supermarché

سُپرمارکیٹ

offre promotionnelle
خصوصی پیشکش
FOR
client
گاہک
produits laitiers
ڈیری
fruits
پھل
chariot
ٹرالی

boucherie

گوشت کی دُکان

boulangerie

بیکری

peser

وزن کرنا

légumes

سبزیاں

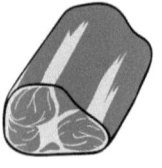

viande

گوشت

aliments surgelés

جما ہوا کھانا

charcuterie

کولڈ کٹس

conserves

ڈبےمیں بند کھانا

poudre à lessive

واشنگ پاوڈر

bonbons

مٹھائیاں

articles ménagers

گھریلو مصنوعات

détergents

صاف کرنےکیلئےمصنوعات

vendeuse

سیلزپرسن

caisse

کیش رجسٹر

caissier

کیشئیر

liste d'achats

خریداری کی فہرست

heures d'ouverture

اوقات کار

portefeuille

بٹوہ

carte de crédit

کریڈٹ کارڈ

sac

تھیلا

sac en plastique

پلاسٹک کےتھیلے

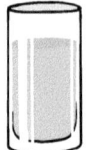

boissons

مشروبات

eau

....

پانی

jus de fruit

....

جوس، رس

lait

....

دودھ

coca

....

کوک

vin

....

وائن

bière

....

بیئر

alcool

....

الکوحل

chocolat chaud

....

کوکوآ

thé

....

چائے

café

....

کافی

expresso

....

ایسپریسو

cappuccino

....

کیپاچینو

alimentation
کھانے کی اشیاء

banane

کیلا

pomme

سیب

orange

مالٹا

melon

خربوزه

citron

لیموں

carotte

گاجر

ail

لہسن

bambou

بانس

oignon

پیاز

champignon

کھُمبی

noisettes

اخروٹ، بادام وغیره

pâtes

نوڈلز

spaghetti

اسپیگیٹی

riz

چاول

salade

سلاد

pommes frites

چپس

pommes de terre rôties

تلے گئے آلو

pizza

پیزا

hamburger

ہیم برگر

sandwich

سینڈوچ

escalope

کٹلیٹ

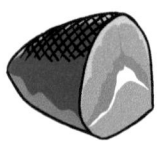

jambon

سؤرکی ران کا گوشت

salami

گوشت کی اطالوی ساسیج

saucisse

ساسیج

poulet

مُرغی

rôti

روسٹ

poisson

مچھلی

flocons d'avoine

جئی کا دلیہ

muesli

میوزلی

cornflakes

کارن فلیکس

farine

آٹا

croissant

کروئیسنٹ

petits-pains

بریڈ رول

pain

بریڈ

pain grillé

ٹوسٹ

biscuits

بسکٹ

beurre

مکھن

le fromage blanc

دہی

gâteau

کیک

œuf

انڈا

œuf au plat

فرائی کیا گیا انڈہ

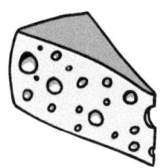

fromage

پنیر

glace

آئس کریم

sucre

چینی

miel

شہد

confiture

جام

crème nougat

ناؤگٹ کریم

curry

سالن

ferme

کھیت

فارم ہاؤس
grange
کھلیان
botte de paille
تنکوں کی گانٹھ
champ
cheval
گھوڑا
remorque
ٹریلر
tracteur
ٹریکٹر
poulain
گھوڑے کا بچہ
âne
گدھا
mouton
بھیڑ
agneau
میمنہ

chèvre

بکری

vache

گائے

veau

بچھڑا

porc

سؤر

porcelet

سؤر کا بچہ

taureau

سانڈ

oie

راج ہنس

canard

بطخ

poussin

چوزہ

poule

مُرغی

coq

مُرغا

rat

چوہا

chat

بلی

souris

چوہا

bœuf

بیلچہ

chien

کُتا

chenil

کُتے کا گھر

tuyau de jardin

گارڈن ہاؤس

arrosoir

پانی کا کین

faucheuse

درانتی

charrue

ہل

faucille

درانتی

pioche

بیلچہ

fourche

ترنگل

hache

کلہاڑا

brouette

ہتہ گاڑی

cuve

حوض

pot à lait

دودھ کا کین

sac

تھیلا

clôture

باڑ

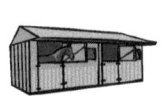

étable

اصطبل

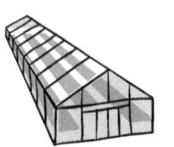

serre

گرین ہاؤس

sol

مٹی

semences

بیج

engrais

فرٹیلائیزر

moissonneuse-batteuse

کمبائن ہارویسٹر

récolter

فصل کاٹنا

récolte

فصل کاٹنا

igname

افریقی آلو

blé

گندم

soja

سویا

pomme de terre

آلو

maïs

مکئی

colza

توریا کا تیل

arbre fruitier

پھلداردرخت

manioc

کساوا

céréales

دلیہ

maison
مکان

cheminée
چمنی
toit
چھت
gouttière
نیچے جانے والا پائپ
fenêtre
کھڑکی
sonnette
دروازے کی گھنٹی
garage
گیراج
porte
دروازہ
poubelle
کوڑے کی ٹوکری
boîte aux lettres
لیٹر باکس
jardin
گارڈن

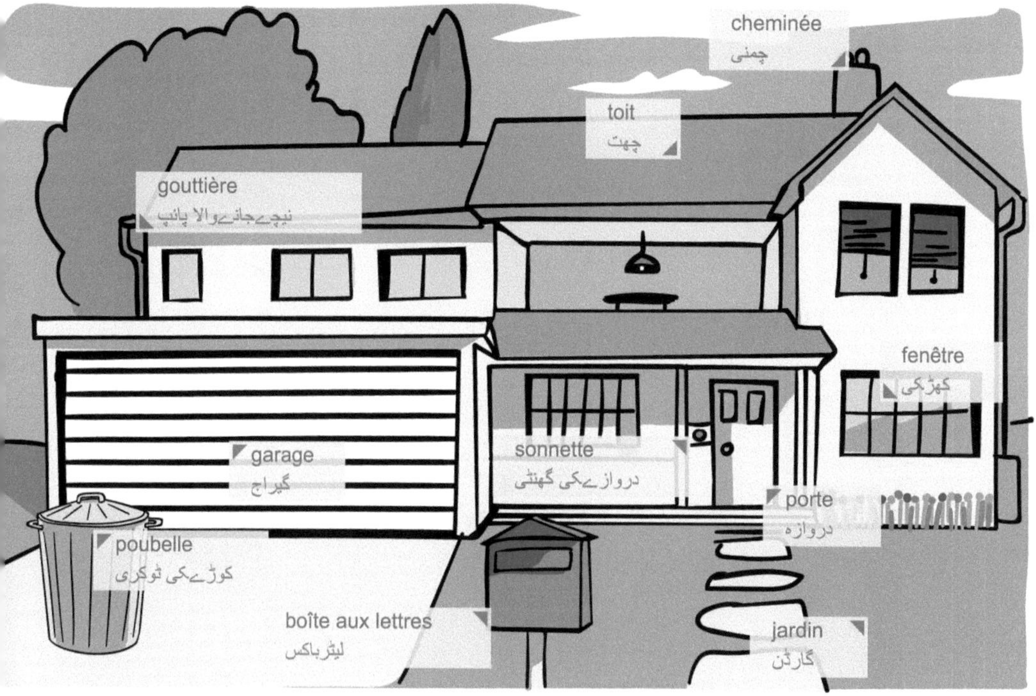

salon
....
لوونگ روم

salle de bain
....
غُسل خانہ

cuisine
....
باورچی خانہ

chambre à coucher
....
بیڈروم

chambre d'enfant
....
بچوں کا کمرہ

salle à manger
....
کھانے کا کمرہ

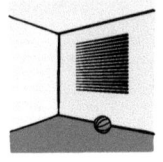

sol
فرش

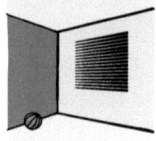

mur
دیوار

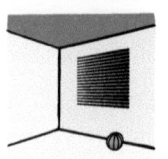

plafond
چھت

cave
تہ خانہ

sauna
سوانا

balcon
بالکونی

terrasse
ٹیریس

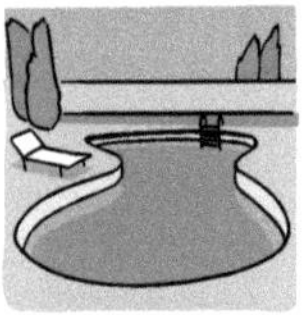

piscine
پول

tondeuse à gazon
گھاس کاٹنے کی مشین

housse
چادر

couette
چادر

lit
بستر

balai
جھاڑو

sceau
بالٹی

interrupteur
سوئچ

salon

لوونگ روم

papier peint
وال پیپر
image
تصویر
lampe
لیمپ
étagère
شیلف
armoire
الماری
télé
ٹیلی ویژن
cheminée
آتش دان
fleur
پھول
coussin
کُشن
sofa
صوفہ
vase
گلدان
télécommande
ریموٹ کنٹرول

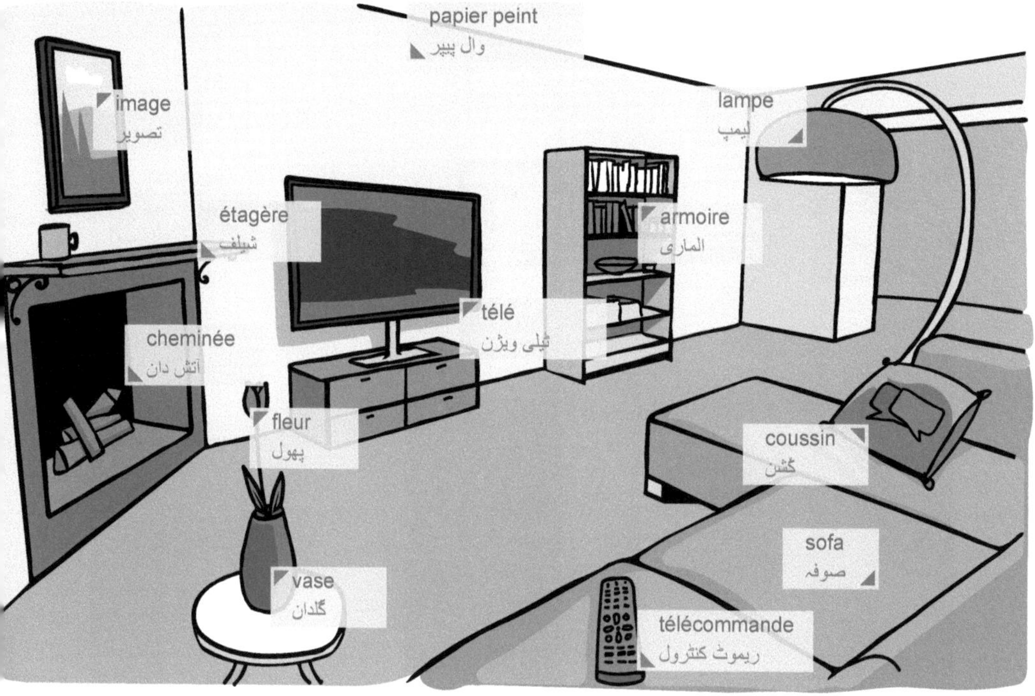

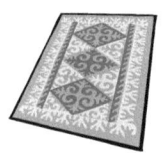

tapis

قالین

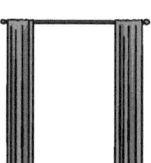

rideau

پردے

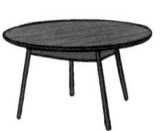

table

میز

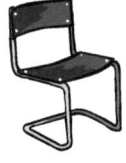

chaise

کُرسی

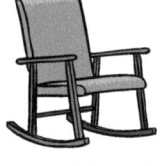

chaise à bascule

ہلنے والی کُرسی

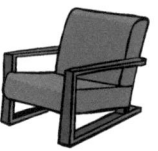

fauteuil

آرام کُرسی

livre

كتاب

couverture

كمبل

décoration

آرائش

bois de chauffage

جلانے کی لکڑی

film

فلم

chaîne hi-fi

ہائی فائی

clé

چابی

journal

اخبار

peinture

پینٹنگ

poster

پوسٹر

radio

ریڈیو

bloc-notes

نوٹ بُک

aspirateur

ویکیوم کلینر

cactus

کیکٹس

bougie

موم بتی

cuisine

باورچی خانہ

réfrigérateur
فرج
four à micro-ondes
مائیکرویواوون
balance de cuisine
کچن اسکیل
grille-pain
ٹوسٹر
détergent
کپڑے دھونے کا پاؤڈر
four
چولہا
compartiment congélateur
فریزر
poubelle
کوڑے کی ٹوکری
lave-vaisselle
ڈش واشر

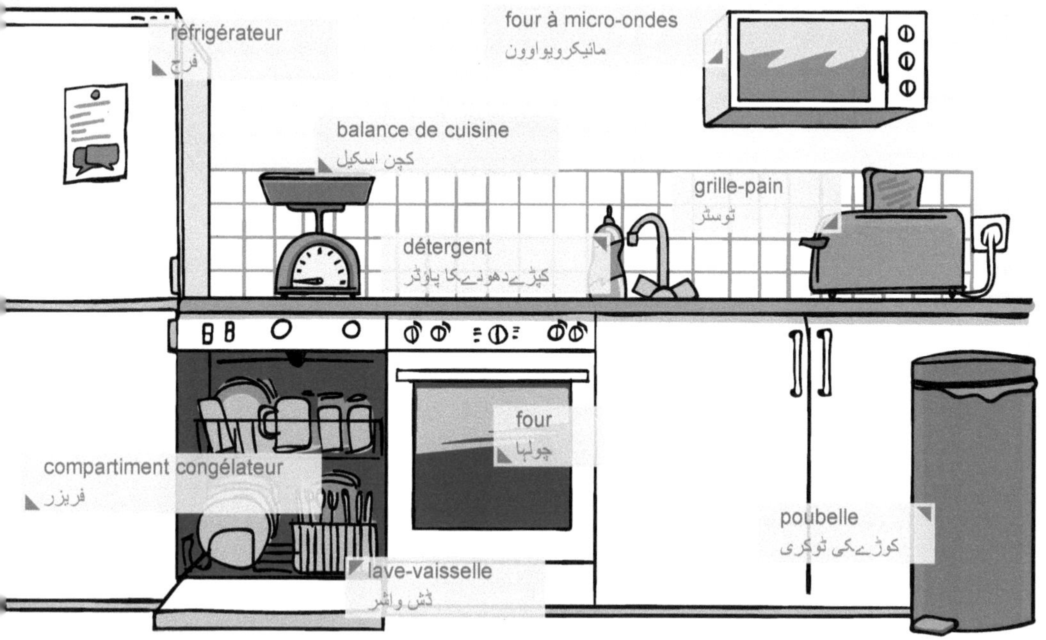

four

ککر

casserole

برتن

marmite

لوہے کا برتن

wok / kadai

کڑاہی

poêle

برتن

bouilloire electrique

کیتلی

cuiseur vapeur

اسٹیمر

plaque de cuisson

بیکنگ ٹرے

vaisselle

کراکری

gobelet

مگ

coupe

پیالہ

baguettes

چاپ اسٹکس

louche

ڈوئی

spatule

کفچہ

fouet

جھاڑودینا

passoire

مقطر

tamis

چھلنی

râpe

گریٹر

mortier

کونڈی

barbecue

باربی کیو

cheminée

کھُلی آگ

planche à découper

چاپنگ بورڈ

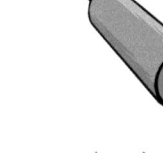

rouleau à pâtisserie

بیلن

tire-bouchon

کارک اسکریو

boîte

کین

ouvre-boîte

کین اوپنر

maniques

برتن پکڑنے والا کپڑا

lavabo

سنک

brosse

برش

éponge

اسپونج

mixeur

بلینڈر

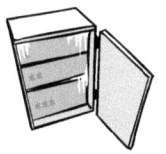

congélateur

ڈیپ فریز

biberon

بچے کی بوتل

robinet

ٹونٹی

salle de bain

غُسل خانہ

douche
شاور
chauffage
serviette
تولیہ
rideau de douche
شاورکرٹن
bain moussant
ببل باتھ
baignoire
باتھ ٹب
verre
شیشہ
machine à laver
واشنگ مشین
robinet
ٹونٹی
carrelage
ٹائلیں
pot
پاٹی
lavabo
سنک

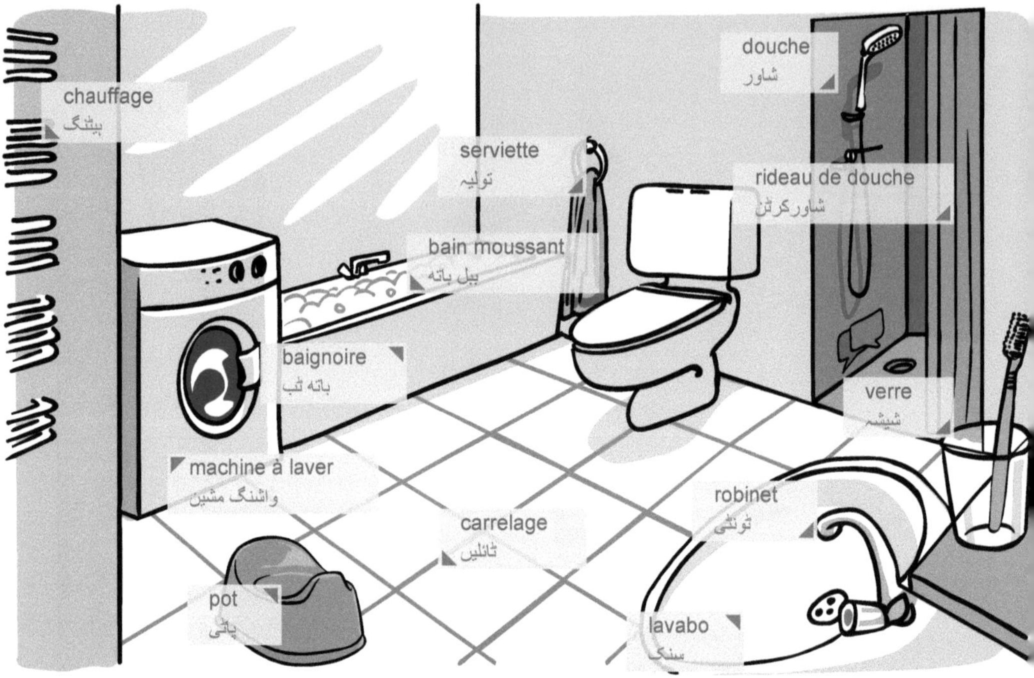

toilettes

ٹائلٹ

toilette à la turque

دوزانوں بیٹھنےوالی ٹائلٹ

bidet

نچلاحصہ دھونےکیلئےپاٹ

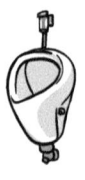

urinoir

پیشاب گاہ

papier toilette

ٹائلٹ پیپر

brosse à toilette

ٹائلٹ برش

brosse à dents

....

ٹوتھ برش

dentifrice

....

ٹوتھ پیسٹ

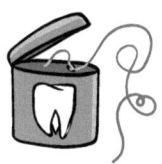

fil dentaire

....

ڈینٹل فلاس

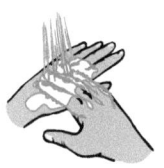

laver

....

دھونا

douche manuelle

....

ہینڈ شاور

douche intime

....

شاور

vasque

....

بیسن

brosse dorsale

....

بیک برش

savon

....

صابن

gel douche

....

شاورجل

shampooing

....

شیمپو

gant de toilette

....

فلالین

écoulement

....

ڈرین

crème

....

کریم

déodorant

....

ڈیوڈورنٹ

miroir

آئینہ

miroir cosmétique

ہاتھ میں پکڑا جانے والا آئینہ

rasoir

ریزر

mousse à raser

شیونگ فوم

après-rasage

آفٹر شیو

peigne

کنگھی

brosse

برش

sèche-cheveux

ہیئر ڈرائر

laque pour cheveux

ہیئراسپرے

fond de teint

میک اپ

rouge à lèvres

لپ اسٹک

vernis à ongles

نیل وارنش

ouate

روئی

coupe-ongles

ناخن کاٹنے کی قینچی

parfum

پرفیوم

trousse de toilette

واش بیگ

tabouret

پاخانہ

pèse-personne

وزن کرنے کی مشین

peignoir

باتھ روب

gants de nettoyage

ربڑ کے دستانے

tampon

ٹیمپون

serviettes hygiéniques

سینیٹری ٹاول

toilette chimique

کیمیکل ٹائلٹ

chambre d'enfant

بچوں کا کمرہ

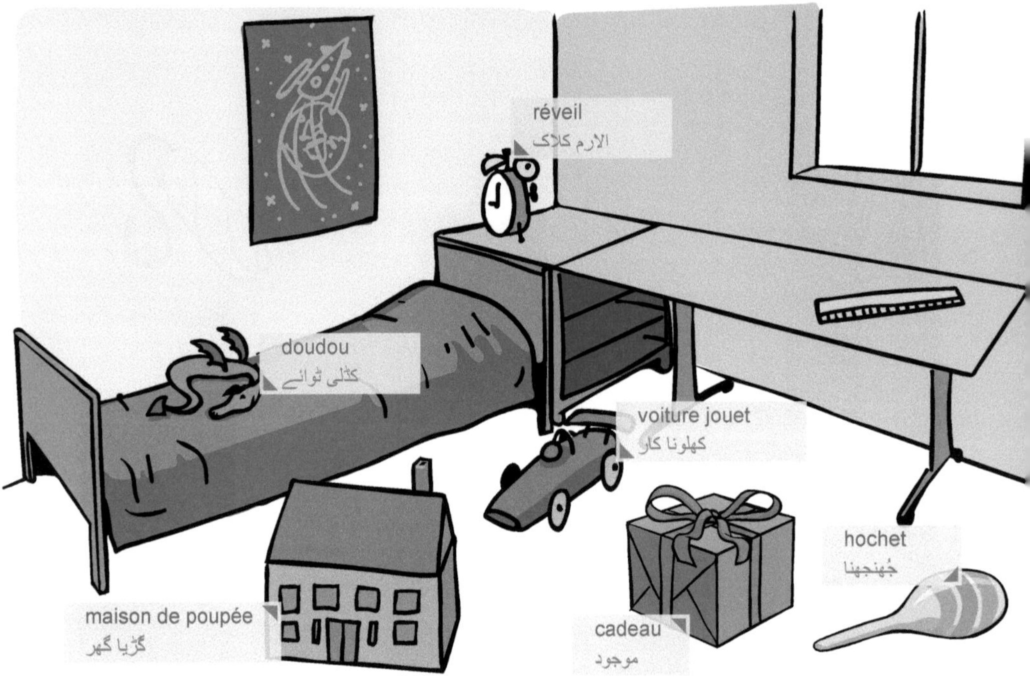

réveil
الارم کلاک
doudou
گڈلی ٹوائے
voiture jouet
کھلونا کار
hochet
جُھنجھنا
maison de poupée
گڑیا گھر
cadeau
موجود

ballon

غبارہ

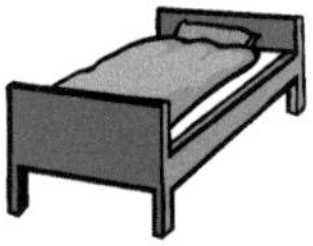

lit

بستر

poussette

پرام

jeu de cartes

ڈیک آف کارڈز

puzzle

جگسا

bande dessinée

کامک

pièces lego

لیگوبرکس

blocs de construction

کھلونا بلاکس

figurine

ایکشن فگر

grenouillère

بچےکا لباس

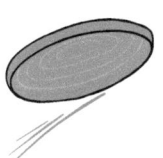

frisbee

فرسبی

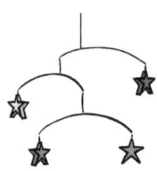

mobile

کھلونا موبائل

jeu de société

بورڈ گیم

dé

ڈائس

train miniature

ماڈل ٹرین سیٹ

sucette

ڈمی

fête

پارٹی

livre d'images

تصاویروالی کتاب

balle

گیند

poupée

گڑیا

jouer

کھیلنا

bac à sable

سینڈ پٹ

balançoire

جھولا جھولنا

jouets

کھلونے

console de jeu

وڈیو گیم کنسول

tricycle

تین پہیوں والی سائیکل

ours en peluche

ٹیڈی بیئر

armoire

کپڑوں کی الماری

vêtements

لباس

chaussettes

موزے

bas

اسٹاکنگز

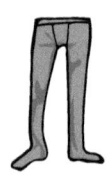

collant

ٹائٹس

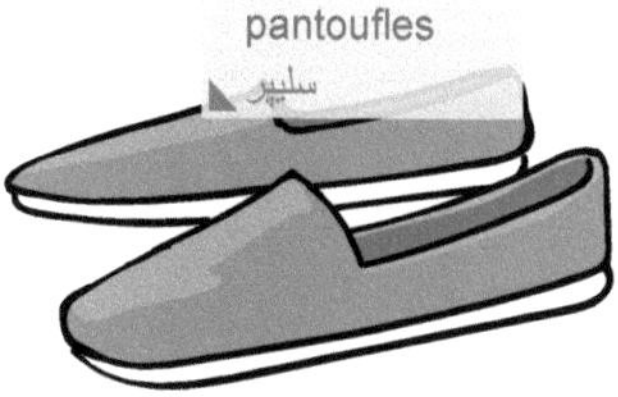

écharpe
اسکارف

parapluie
چھتری

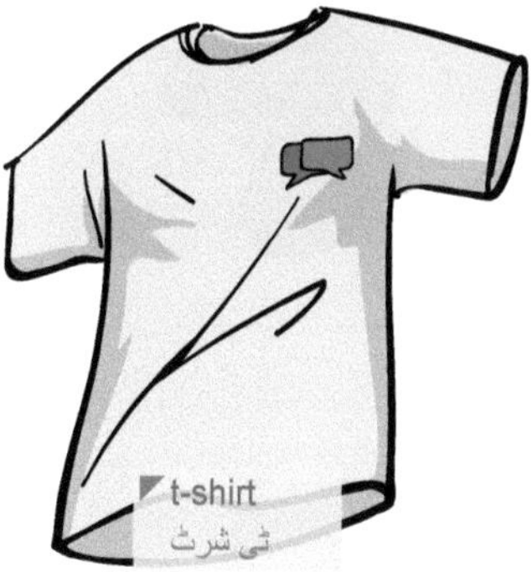

t-shirt
ٹی شرٹ

ceinture
بیلٹ

baskets
اسنیکرز

bottes
بوٹ

pantoufles
سلیپر

sandales
....
سینڈل

chaussures
....
جوتے

bottes de caoutchouc
....
ربڑ کے بوٹس

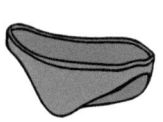

sous-vêtements
....
زیرجامہ

soutien-gorge
....
بریزئیر

maillot de corps
....
واسکٹ

body

جسم

pantalon

پتلون

jean

جینز

jupe

اسکرٹ

chemisier

بلاؤز

chemise

قمیض

pull

پُل اوور

sweat à capuche

سویٹر

veste

بلیزر

veste

جیکٹ

manteau

کوٹ

imperméable

رین کوٹ

costume

کوئی خاص لباس

robe

لباس

robe de mariée

شادی کا لباس

costume

سوٹ

chemise de nuit

نائٹ گاؤن

pyjama

پائجامہ

sari

ساڑھی

foulard

سرپرلیا جانےوالا اسکارف

turban

پگڑی

burqa

بُرقع

caftan

کفتان

abaya

عبایہ

maillot de bain

تیراکی کا سوٹ

maillot de bain

ٹرنک

short

نیکر

tenue d'entraînement

ٹریک سوٹ

tablier

اپرن

gants

دستانے

bouton

بٹن

lunettes

عینک

bracelet

کنگن

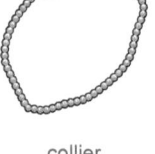

collier

ہار

bague

انگوٹھی

boucle d'oreille

کانوں کی بالیاں

bonnet

ٹوپی

cintre

کوٹ ہینگر

chapeau

ہیٹ

cravate

ٹائی

fermeture éclair

زپ

casque

ہیلمٹ

bretelles

بریسز

uniforme scolaire

سکول یونیفارم

uniforme

وردی

bavoir

بب

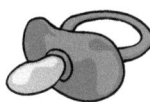

sucette

ڈمی

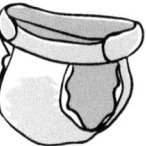

lange

نیپی

bureau

دفتر

serveur
سرور
armoire d'archivage
فائلوں کی الماری
imprimante
پرنٹر
papier
کاغذ
écran
مانیٹر
bureau
میز
souris
ماؤس
classeur
فولڈر
clavier
کی بورڈ
chaise
corbeille à papier
ویسٹ پیپرباسکٹ
ordinateur
کمپیوٹر

tasse de café

کافی مگ

calculatrice

کیلکولیٹر

internet

انٹرنیٹ

bureau - دفتر

ordinateur portable

لیپ ٹاپ

lettre

خط

message

پیغام

portable

موبائل

réseau

نیٹ ورک

photocopieuse

فوٹوکاپئیر

logiciel

سافٹ ویئر

téléphone

ٹیلی فون

prise

پلگ ساکٹ

fax

فیکس مشین

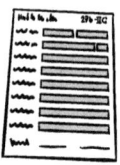

formulaire

فارم

document

دستاویز

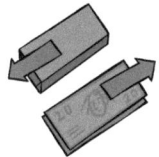

acheter

خریدنا

payer

ادائیگی کرنا

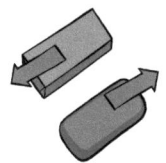

faire du commerce

تجارت کرنا

monnaie

رقم

dollar

ڈالر

euro

یورو

yen

ین

rouble

روبل

franc suisse

سوئس فرانک

renminbi yuan

رینمنبیی یوآن

roupie

روپیہ

distributeur automatique

کیش پوائنٹ

bureau de change

رقم تبدیل کرانے کیلئے دفتر

or

سونا

argent

چاندی

pétrole

خام تیل

énergie

توانائی

prix

قیمت

contrat

معاہدہ

taxe

ٹیکس

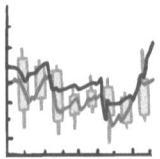

action

اسٹاک

travailler

کام کرنا

employé

ملازم

employeur

أجر

usine

فیکٹری

magasin

دکان

professions
پیشے

agent de police
پولیس افسر
pompier
فائر مین
cuisinier
خانساماں، کُک
médecin
ڈاکٹر
pilote
پائلٹ

jardinier

مالی

menuisier

ترکھان

couturière

درزن

juge

جج

chimiste

کیمسٹ

acteur

اداکار

conducteur de bus

بس ڈرائیور

chauffeur de taxi

ٹیکسی ڈرائیور

pêcheur

مچھیرا

femme de ménage

صفائی کرنےوالی عورت

couvreur

چھت بنانےوالا

serveur

ویٹر

chasseur

شکاری

peintre

پینٹر

boulanger

بیکر

électricien

الیکٹریشین

ouvrier

بلڈر

ingénieur

انجینئیر

boucher

قصائی

plombier

پلمبر

facteur

ڈاکیا

soldat

سپاہی

architecte

آرکیٹیکٹ

caissier

کیشئیر

fleuriste

پھول بیچنے والا

coiffeur

نائی

contrôleur

کنڈکٹر

mécanicien

مکینک

capitaine

کپتان

dentiste

ڈینٹسٹ

scientifique

سائنسدان

rabbin

یہودی عالم

imam

امام

moine

راہب

prêtre

پادری

outils
اوزار

marteau
pinces
پلائرز
tournevis
پیچ کس
torche
ٹارچ
clé
رینچ

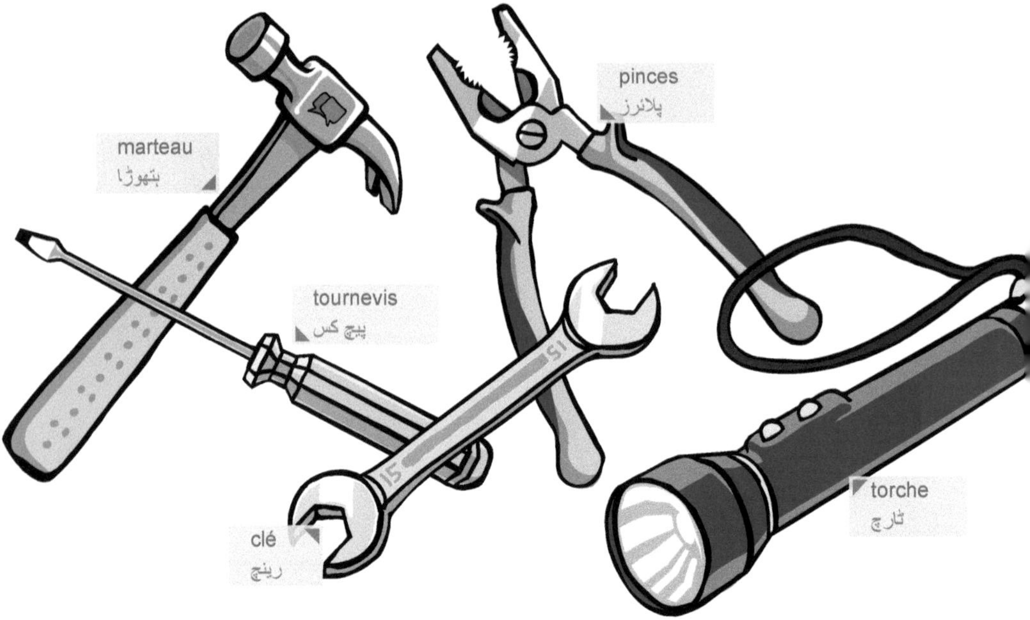

pelleteuse
....
ایکسکویٹر

boîte à outils
....
ٹول باکس

échelle
....
سیڑھی

scie
....
آری

clous
....
کیل

perceuse
....
ڈرل

réparer

مرمت کرنا

pelle

بیلچہ

Mince !

لعنت ہو!

pelle

ڈسٹ پین

pot de peinture

پینٹ پاٹ

vis

پیچ

instruments de musique

آلات موسیقی

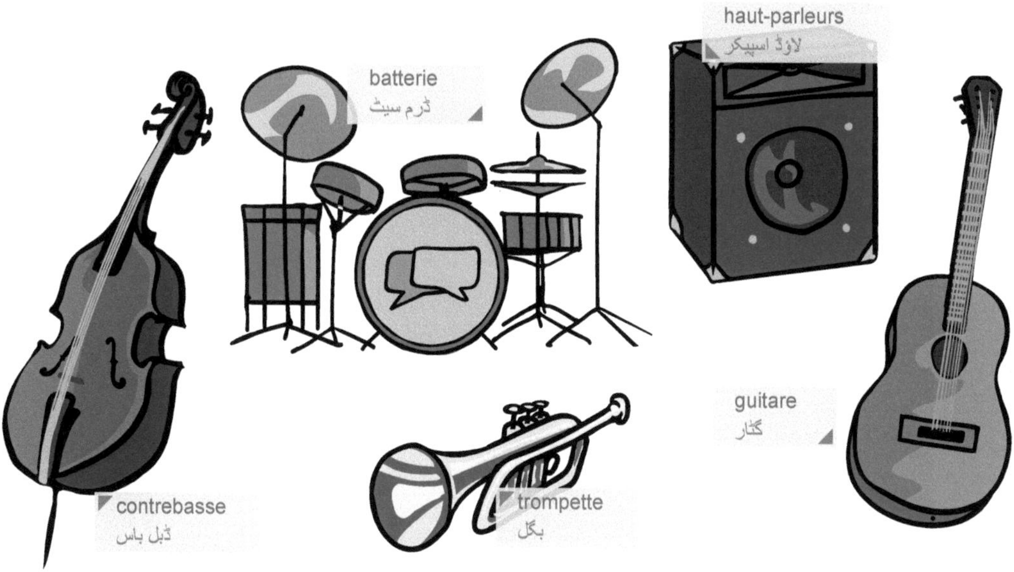

haut-parleurs
لاؤڈ اسپیکر
batterie
ڈرم سیٹ
guitare
گٹار
contrebasse
ڈبل باس
trompette
بگل

piano

پیانو

violon

وائلن

basse

موسیقی کی آواز

timbales

ٹمپانی

tambour

ڈھول، ڈرمز

piano électrique

کی بورڈ

saxophone

سیکسوفون

flûte

بانسری

microphone

مائیکروفون

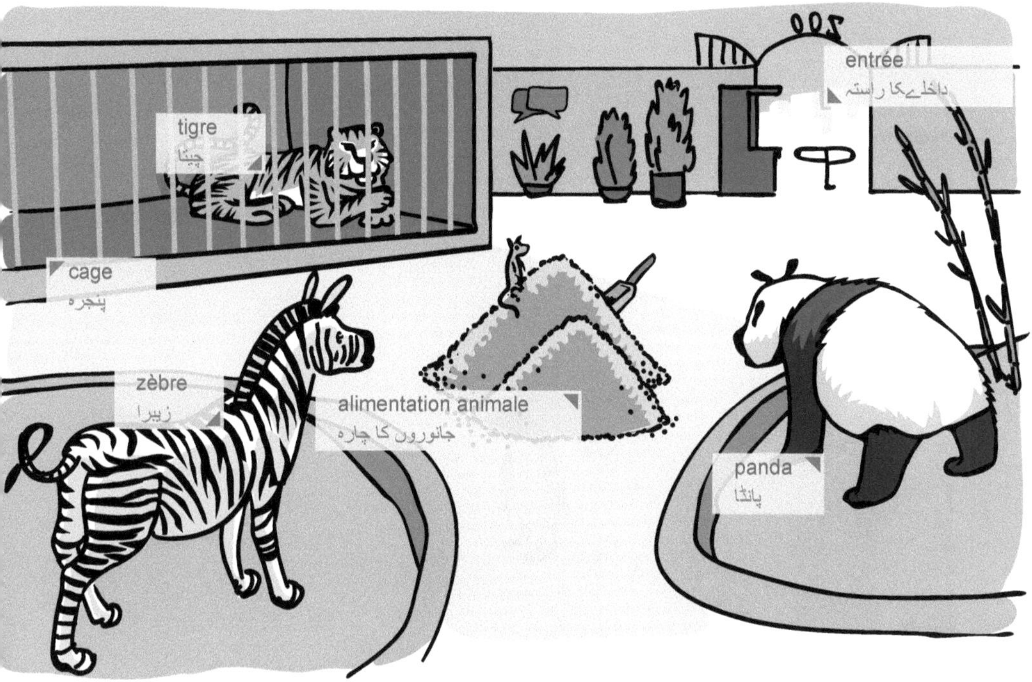

entrée
داخلے کا راستہ

tigre
چیتا

cage
پنجرہ

zèbre
زیبرا

alimentation animale
جانوروں کا چارہ

panda
پانڈا

animaux

جانور

éléphant

ہاتھی

kangourou

کینگرو

rhinocéros

گینڈا

gorille

گوریلا

ours

ریچھ

chameau

اونٹ

autruche

شُترمُرغ

lion

شیر

singe

بندر

flamand rose

فلیمنگو

perroquet

طوطا

ours polaire

قطبی ریچھ

pingouin

کبوتر

requin

شارک

paon

مور

serpent

سانپ

crocodile

مگرمچھ

gardien de zoo

چڑیا گھر کا محافظ

phoque

سیل

jaguar

امریکی تیندوا

poney

ٹٹو

léopard

چیتا

hippopotame

دریائی گھوڑا

girafe

زرافہ

aigle

عقاب

sanglier

سؤر

poisson

مچھلی

tortue

کچھوا

morse

سمندری گھوڑا

renard

لومڑی

gazelle

غزال ہرن

sports
کھیلیں

american Football
امریکن فٹ بال
cyclisme
سائیکلنگ
tennis
ٹینس
basket-ball
باسکٹ بال
natation
پیراکی
hockey sur glace
آئس ہاکی
boxe
باکسنگ

football
فٹ بال

badminton
بیڈمنٹن

athlétisme
اتھلیٹکس

handball
ہینڈ بال

ski
اسکیئنگ

polo
پولو

activités

سرگرمیاں

rire
ہنسنا
sauter
چھلانگ لگا
embrasser
گلے لگانا
marcher
چلنا
chanter
گانا
rêver
خواب دیکھنا
prier
دُعا کرنا
faire la bise
چُومنا

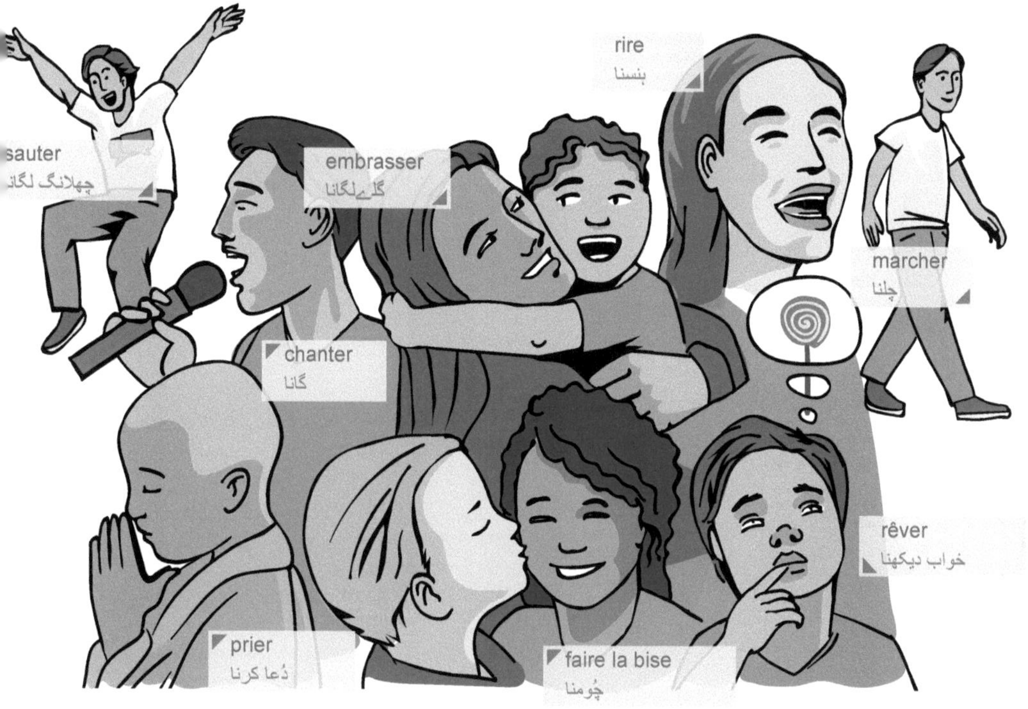

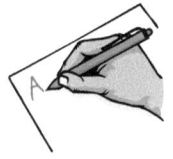

écrire

لکھنا

dessiner

تصویرکشی کرنا

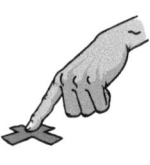

montrer

دکھانا

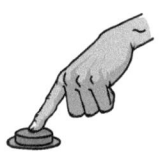

pousser

آگےکی طرف دھکیلنا

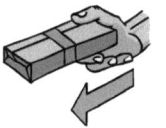

donner

دینا

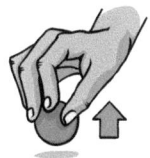

prendre

لینا

avoir

رکھنا

faire

کرنا

être

ہونا

être debout

کھڑا ہونا

courir

دوڑنا

trier

کھینچنا

jeter

پھینکنا

tomber

گرنا

être couché

جھوٹ بولنا

attendre

انتظارکرنا

porter

اٹھانا

être assis

بیٹھنا

s'habiller

ملبوس ہونا

dormir

سونا

se réveiller

جاگنا

regarder

دیکھنا

pleurer

رونا

caresser

چوٹ لگانا

peigner

کنگھی کرنا

parler

بات کرنا

comprendre

سمجھنا

demander

پوچھنا

écouter

مُتوجہ ہونا

boire

پینا

manger

کھانا

ranger

صاف کرنا

aimer

پیارکرنا

cuire

پکانا

conduire

گاڑی چلانا

voler

اُڑنا

faire de la voile

بحری سفرکرنا

calculer

شمارکریں

lire

پڑھنا

apprendre

سیکھنا

travailler

کام کرنا

se marier

شادی کرنا

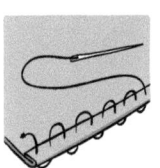

coudre

سینا

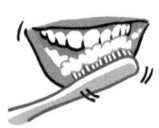

brosser les dents

دانت صاف کرنا

tuer

جان سے ماردینا

fumer

تمباکونوشی کرنا

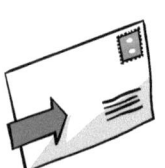

envoyer

بھیجنا

famille
خاندان

grand-mère
دادی
grand-père
دادا
père
mère
bébé
طفل
fille
fils
بیٹا

hôte
....
مہمان

tante
....
چچی

oncle
....
چچا

frère
....
بھائی

sœur
....
بہن

front
œil
visage
چہرہ
menton
poitrine
doigt
انگلی
main
bras
بازو
épaule
jambe
ٹانگ

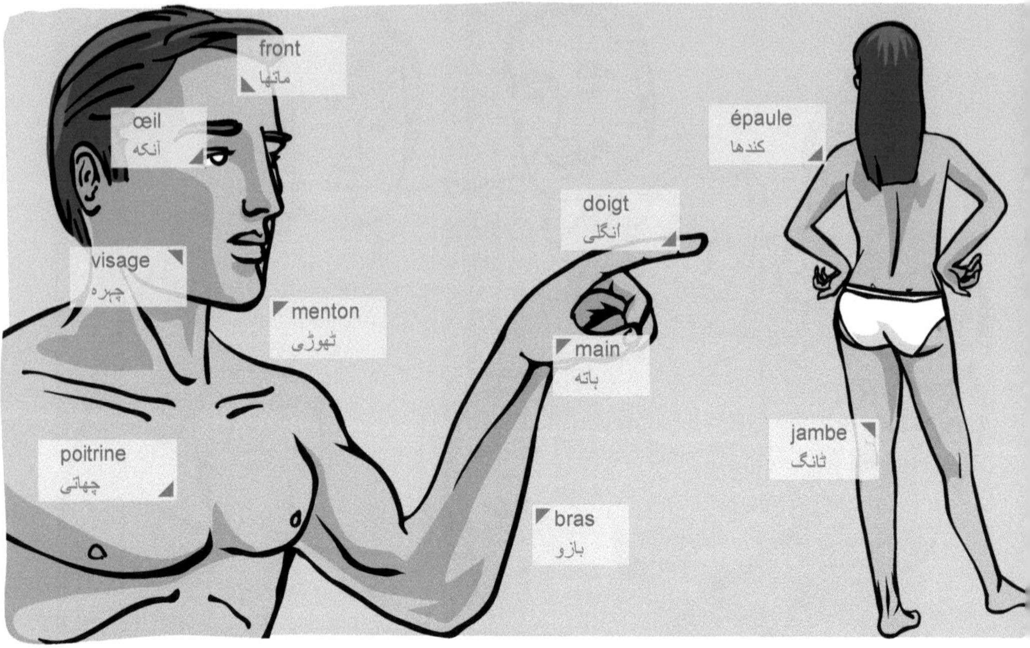

bébé
طفل

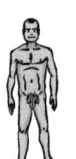

homme
آدمی

femme
عورت

fille
لڑکی

garçon
لڑکا

tête
سر

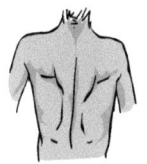

dos

كمر

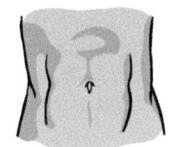

ventre

پیٹ

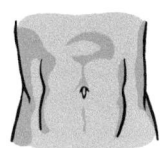

nombril

ناف

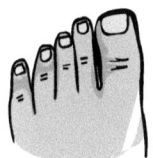

orteil

پاؤں کا انگوٹھا

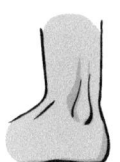

talon

ایڑھی

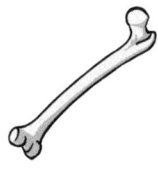

os

ہڈی

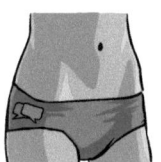

hanche

کولہا

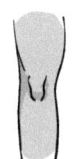

genou

گھٹنا

coude

کہنی

nez

ناک

fesses

نچلا حصہ

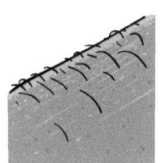

peau

جلد

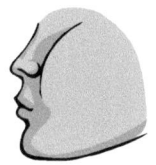

joue

گال

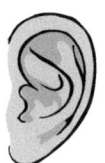

oreille

کان

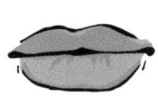

lèvre

ہونٹ

bouche

مُنہ

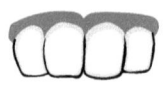

dent

دانت

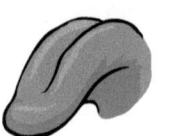

langue

زُبان

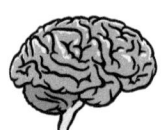

cerveau

دماغ

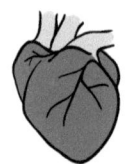

cœur

دل

muscle

پٹھہ

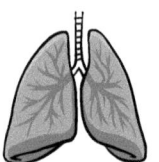

poumons

پھیپھڑا

foie

جگر

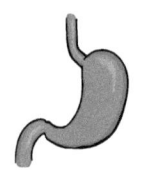

estomac

معدہ

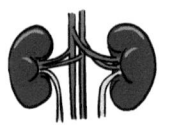

reins

گردے

rapport sexuel

جنس

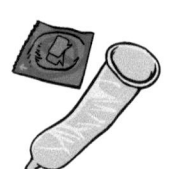

préservatif

کنڈوم

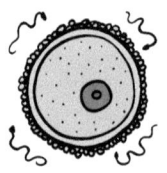

ovule

بیضہ

sperme

مادہ منویہ

grossesse

حمل

70 corps - جسم

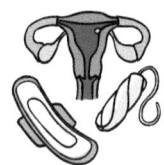

menstruation

حیض

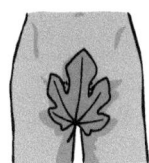

vagin

اندام نہانی

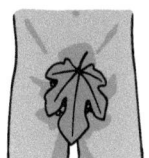

pénis

عضوتناسل

sourcil

بھنویں

cheveux

بال

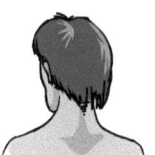

cou

گردن

hôpital
هسپتال

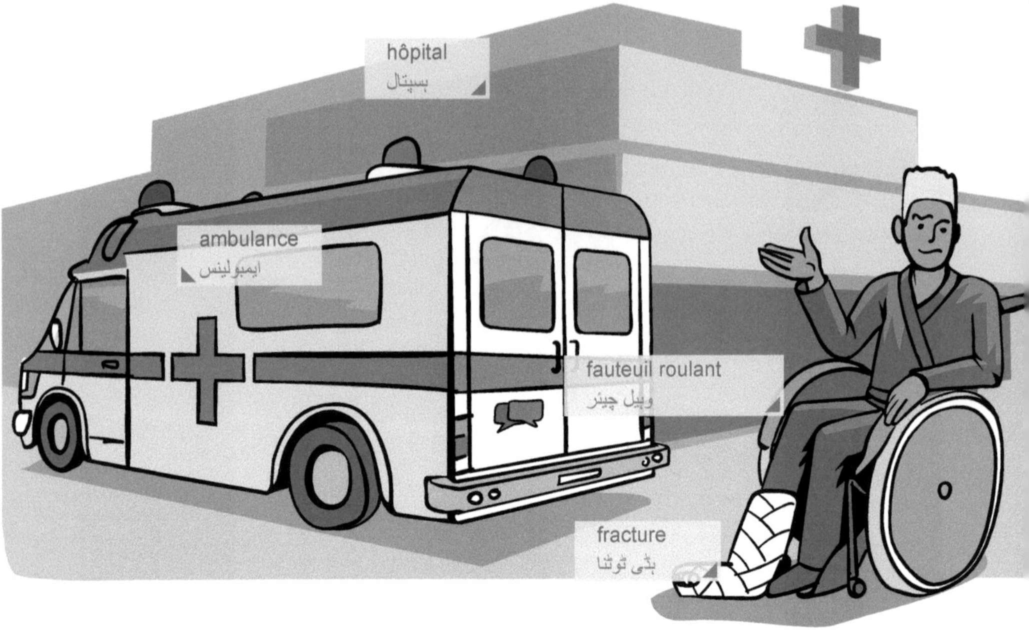

ambulance
ایمبولینس
fauteuil roulant
وہیل چیئر
fracture
ہڈی ٹوٹنا

médecin

ڈاکٹر

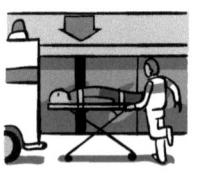

service des urgences

ہنگامی کمرہ

infirmière

نرس

urgence

ہنگامی صورتحال

inconscient

بےہوش

douleur

درد

blessure

زخم

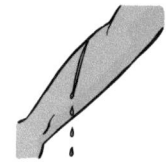

hémorragie

خون بہنا

crise cardiaque

دل کا دورہ

attaque cérébrale

فالج

allergie

الرجی

toux

کھانسی

fièvre

بخار

grippe

زکام

diarrhée

اسہال

mal de tête

سردرد

cancer

کینسر

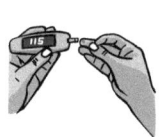

diabète

ذیابیطس

chirurgien

سرجن

scalpel

نشتر

opération

آپریشن

CT

سی ٹی

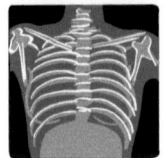

radiographie

ایکس رے

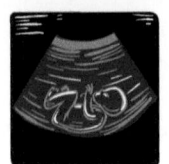

échographie

الٹراساؤنڈ

masque

چہرے کا نقاب

maladie

بیماری

salle d'attente

انتظارگاہ

béquille

بیساکھی

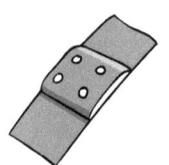

pansement

پلاسٹر

pansement

پٹی

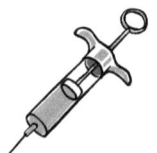

injection

انجکشن

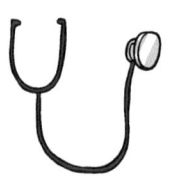

stéthoscope

اسٹیتھواسکوپ

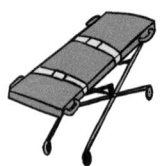

brancard

اسٹریچر

thermomètre

مطبی تھرما میٹر

accouchement

پیدائش

surcharge pondérale

حد سےزیادہ وزن

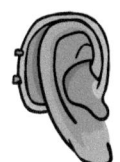

appareil auditif

....

آلہ سماعت

désinfectant

....

جراثیم کش

infection

....

انفیکشن

virus

....

وائرس

VIH / sida

....

ایچ آئی وی/ ایڈز

médicament

....

دوا

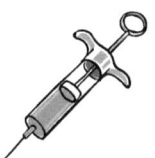

vaccination

....

ویکسی نیشن

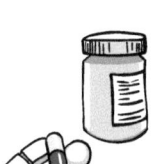

comprimés

....

گولیاں

pilule

....

گولی

appel d'urgence

....

ہنگامی کال

tensiomètre

....

بلڈ پریشر مانیٹر

malade / sain

....

بیمار / صحتمند

urgence

هنگامی صورتحال

Au secours !

مدد!

alarme

الارم

assault

مُجرمانہ حملہ

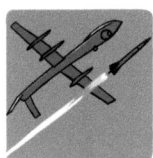

attaque

حملہ

danger

خطرہ

sortie de secours

ہنگامی راستہ

Au feu!

آگ!

extincteur

آگ بُجھانےوالہ آلہ

accident

حادثہ

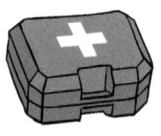

trousse de premier secours

ابتدائی طبی امداد کی کٹ

SOS

ایس او ایس

police

پولیس

Europe

یورپ

Amérique du Nord

شمالی امریکہ

Amérique du Sud

جنوبی امریکہ

Afrique

افریقہ

Asie

ایشیا

Australie

آسٹریلیا

Océan atlantique

بحراوقیانوس

Océan pacifique

بحرالکاہل

Océan indien

بحرہند

Océan antarctique

بحرقُطب جنوبی

Océan arctique

بحرقُطب شمالی

pôle nord

قُطب شمالی

pôle sud

قُطب جنوبی

Antarctique

انٹارکٹیکا

terre

زمین

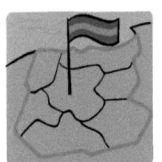

pays

زمین

mer

سمندر

île

جزیرہ

nation

قوم

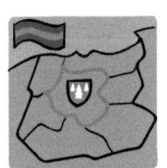

état

ریاست

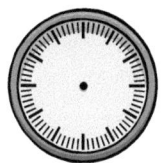

...heure(s)

کلاک

cadran

کلاک کا سامنے کا حصہ

aiguille des heures

گھنٹوں والی سوئی

aiguille des minutes

منٹوں والی سوئی

aiguille des secondes

سیکنڈ ہینڈ

Quelle heure est-il ?

کیا وقت ہوا ہے؟

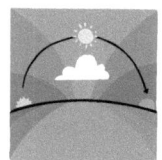

jour

دن

temps

وقت

maintenant

اب

montre digitale

ڈیجیٹل گھڑی

minute

منٹ

heure

گھنٹہ

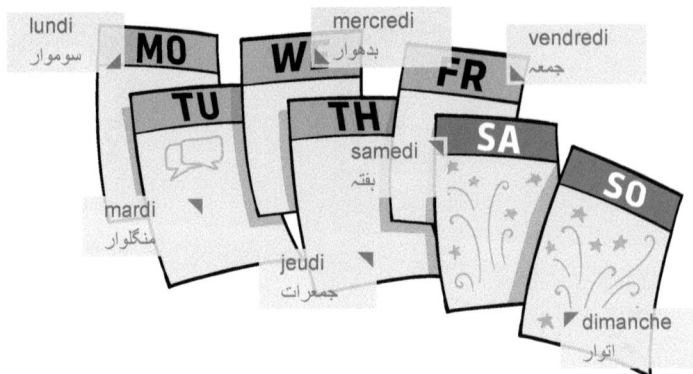

lundi — سوموار
mardi — منگلوار
mercredi — بدھوار
jeudi — جمعرات
vendredi — جمعہ
samedi — ہفتہ
dimanche — اتوار

hier

گزرا کل

aujourd'hui

آج

demain

کل

matin

صبح

midi

دوپہر

soir

شام

MO	TU	WE	TH	FR	SA	SU
1	2	3	4	5	6	7
8	9	10	11	12	13	14
15	16	17	18	19	20	21
22	23	24	25	26	27	28
29	30	31	1	2	3	4

jours ouvrables

کاروباری دن

MO	TU	WE	TH	FR	SA	SU
1	2	3	4	5	6	7
8	9	10	11	12	13	14
15	16	17	18	19	20	21
22	23	24	25	26	27	28
29	30	31	1	2	3	4

week-end

ہفتے کا اختتام

année

سال

pluie
بارش
arc-en-ciel
قوس قزح
neige
برف
vent
ہوا
printemps
بہار
automne
خزاں
été
موسم گرما
hiver
موسم سرما

4.APRIL 11°
5.APRIL 4°
6.APRIL 13°
7.APRIL 8°
8.APRIL 10°

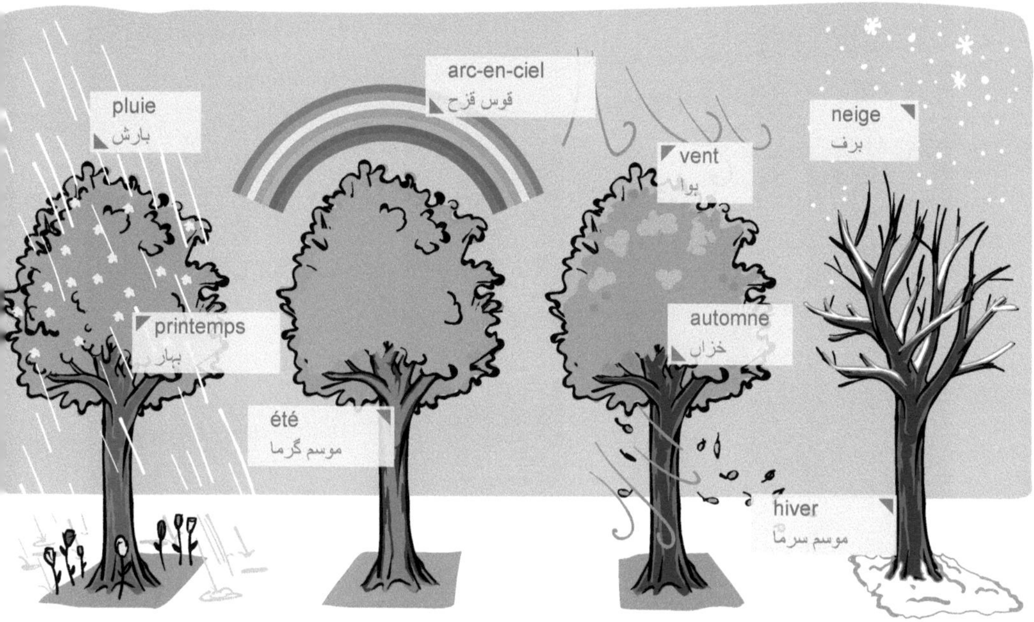

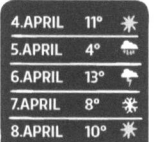

météo

موسمی پیش گوئی

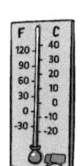

F C
120 90 60 30 0 -30
40 30 20 10 0 -10 -20

thermomètre

تھرما میٹر

lumière du soleil

دھوپ

nuage

بادل

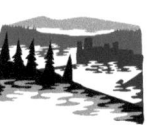

brouillard

دُھند

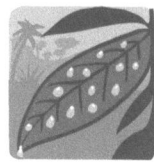

humidité

حبس

foudre

بجلی کوندھنا

tonnerre

بادلوں کی گرج

tempête

طوفان

grêle

ژالہ باری

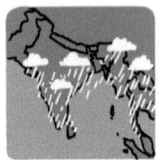

mousson

مون سون

inondation

سیلاب

glace

برف

janvier

جنوری

février

فروری

mars

مارچ

avril

اپریل

mai

مئی

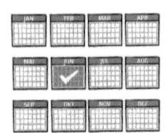

juin

جون

juillet

جولائی

août

اگست

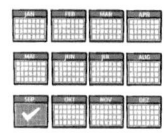

septembre

....

ستمبر

octobre

....

اکتوبر

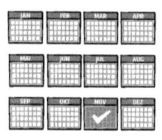

novembre

....

نومبر

décembre

....

دسمبر

formes

اشکال

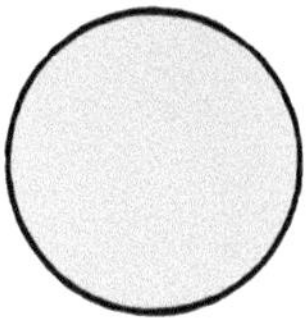

cercle

....

دائره

carré

....

چوکور

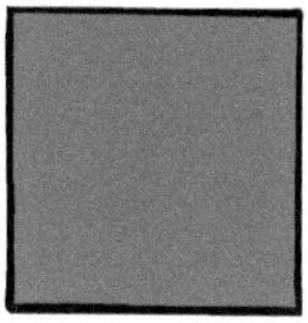

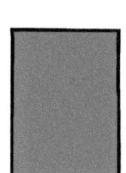

rectangle

....

مُستطیل

triangle

....

تکون

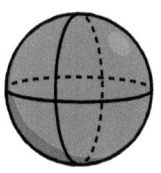

sphère

....

کُره

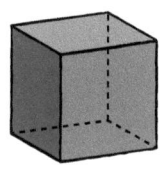

cube

....

مکعب

couleurs

رنگ

blanc

سفید

jaune

پیلا

orange

نارنجی

rose

گلابی

rouge

سُرخ

violet

جامنی

bleu

نیلا

vert

سبز

marron

بهورا

gris

مٹیالا

noir

سیاه

oppositions
مخالف

beaucoup / peu

بہت زیادہ / بہت کم

fâché / calme

ناراض / پُرسکون

joli / laid

خوبصورت / بدصورت

début / fin

آغاز / اختتام

grand / petit

بڑا / چھوٹا

clair / obscure

روشن / اندھیرا

frère / soeur

بھائی / بہن

propre / sale

صاف / گندا

complet / incomplet

مکمل / نامکمل

jour / nuit

دن / رات

mort / vivant

زندہ / مُردہ

large / étroit

چوڑا / تنگ

comestible / incomestible

کھانے کے قابل ہونا / کھانے کے قابل نہ ہونا

méchant / gentil

بُرا / اچھا

excité / ennuyé

پُرجوش / بوریت کا شکار

gros / mince

موٹا / دُبلا

premier / dernier

پہلا / آخری

ami / ennemi

دوست / دُشمن

plein / vide

بھرا ہوا / خالی

dur / souple

سخت / نرم

lourd / léger

بوجھل / ہلکا

faim / soif

بھوک / پیاس

malade / sain

بیمار / صحتمند

illégal / légal

غیرقانونی / قانونی

intelligent / stupide

عقلمند / بیوقوف

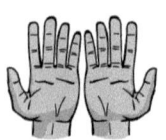

gauche / droite

بائیں / دائیں

proche / loin

نزدیک / دور

nouveau / usé

نیا / پُرانا

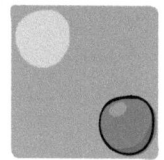

rien / quelque chose

کچھ نہیں / کچھ ہے

vieux / jeune

بوڑھا / نوجوان

marche / arrêt

آن / آف

ouvert / fermé

کُھلا / بند

faible / fort

خاموش / بُلند آواز

riche / pauvre

امیر / غریب

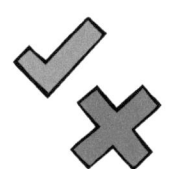

correct / incorrect

ٹھیک / غلط

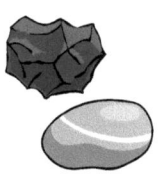

rugueux / lisse

کھُردرا / ہموار

triste / heureux

افسردہ / خوش

court / long

مُختصر / طویل

lent / rapide

آہستہ / تیز

mouillé / sec

گیلا / خُشک

chaud / froid

گرم / ٹھنڈا

guerre / paix

جنگ / امن

0	1	2
zéro	un / une	deux
صفر	ایک	دو
3	4	5
trois	quatre	cinq
تین	چار	پانچ
6	7	8
six	sept	huit
چه	سات	آٹه
9	10	11
neuf	dix	onze
نو	دس	گیاره

12

douze

باره

13

treize

تیره

14

quatorze

چوده

15

quinze

پندره

16

seize

سولہ

17

dix-sept

ستره

18

dix-huit

اٹھاره

19

dix-neuf

اُنیس

20

vingt

بیس

100

cent

سو

1.000

mille

ہزار

1.000.000

million

دس لاکه

langues

زبانیں

anglais

....

انگریزی

anglais américain

....

امریکی انگریزی

chinois mandarin

....

چینی مینڈارین

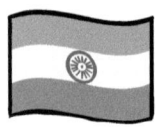

hindi

....

ہندی

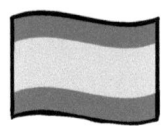

espagnol

....

ہسپانوی

français

....

فرانسیسی

arabe

....

عربی

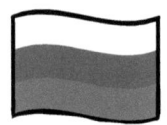

russe

....

روسی

portugais

....

پُرتگالی

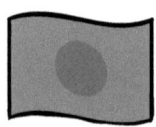

bengali

....

بنگالی

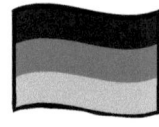

allemand

....

جرمن

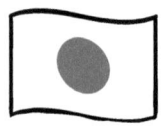

japonais

....

جاپانی

qui / quoi / comment
کون / کیا / کیسے

je

میں

tu

تم

il / elle / ce, c', cela

وہ (لڑکا) / وہ (لڑکی) / یہ

nous

ہم

vous

تم

ils / elles

وہ

Qui ?

کون؟

Quoi ?

کیا؟

Comment ?

کیسے؟

Où ?

کہاں؟

Quand ?

کب؟

nom

نام

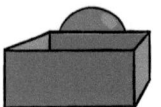

où

کہاں

derrière

پیچھے

dans

میں

devant

کےسامنے

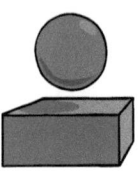

au-dessus

اوپر

sur

پر

en-dessous

نیچے

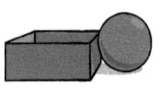

à côté de

ساته

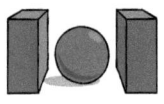

entre

درمیان

lieu

جگه